F. 2920.

F 2795
chap.

12924

ARTICLES,

STATUTS,

ORDONNANCES,

ET REGLEMENS DES GARDES
Iurez, anciens Bacheliers, & Maiſtres de la Com-
munauté des Chapeliers de la Ville Fauxbourgs,
Banlieuë, Preuoſté & Vicomté de Paris.

TIREZ DES ANCIENS STATUTS DE LADITE
Communauté, accordez par le feu Roy Henry III. par Lettres Patentes du mois de May 1578. regiſtrées au Parlement
de Paris le dernier de Ianvier 1587. confirmez par autres Lettres Patentes du défunt Roy d'heureuſe mémoire, Henry IV.
du mois de Iuin 1594. & des Nouveaux Statuts concedez à
ladite Communauté par autres Lettres Patentes du feu Roy
Louys XIII. de glorieuſe mémoire, du mois de Mars 1612.
regiſtrées audit Parlement le dix-huictiéme May 1613.

Par Maiſtre RENÉ HARENGER *Advocat en Parlement, & aux Conſeils d'Eſtat & Privé.*

Maiſtres Eſtienne Maugras Procureur en la Cour, Adrien de Muſinot
Procureur au Chaſtelet ; du temps de la Iurande de Claude le Page,
Iean Chefdeville, Nicolas Ledreux, & Edme Farcy.

Regiſtrez en Parlement le troiſiéme de Iuillet 1658.
Signé, DU TILLET.

ARTICLES,

STATUTS,

ORDONNANCES,

ET REGLEMENS DES GARDES
*Jurez, anciens Bacheliers, & Maistres de
la Communauté des Chapeliers de la Ville,
Fauxbourgs, Banlieuë, Prevosté & Vicomté
de Paris.*

PREMIEREMENT, afin que les Reglemens cy-dvant donnez à la Communauté desdits Gardes Iurez, anciens Bacheliers, & Maistres d'icelle soyent précisément suivis, conformément au premier Article desdites Ordonnances des mois de May 1578. & Mars 1612. nul ne pourra doresnavant parvenir, acquerir, ny avoir la franchise dudit Art, qu'il n'ait auparavant fait sont apprentissage chez l'un desdits Maistres receu en ladite Ville, pendant le temps de cinq années entieres, dont il justifiera du Brevet en bonne forme, passé pardevant Notaires du Chastelet; mesme qu'après le temps de son apprentissage il n'ait servy lesdits Maistres quatre autres années entieres, & qu'il ne fasse apparoir

4

de sa fidelité, preud'hommie, bonnes mœurs, & Religion Catholique, Apostolique & Romaine, pardevant le Procureur de sa Majesté audit Chastelet, en presence duquel ledit Brevet sera registré de son ordonnance, & prendra Lettre domaniale.

II.

SUIVANT le cinquiéme Article desdites Ordonnances du mois de May 1578. nonobstant le sixiéme Article de celles du mois de Mars 1612. les Maistres dudit Art ne pourront prendre qu'un Apprenty pour le temps desdites cinq années; ainsi qu'il est cy-dessus prescrit : Et toutefois aprés qu'il y aura quatre desdites années expirées, il sera en la faculté d'en prendre un autre pour pareil temps de cinq années.

III.

AFIN de détruire tous les abus que l'experience a heureusement fait découvrir dans le sujet des Apprentis, tres-expresses défenses seront faites ausdits Maistres de ladite ville & fauxbourgs de Paris d'en passer les Brevets d'apprentissage pardevant Notaires dudit Chastelet, qu'en la presence des Gardes Iurez de ladite ville, ou du moins de l'un d'eux deuëment appellé, sans fraude : & ne pourront donner aucunes contre-lettres ou remise desdites cinq années, sous quelque pretexte que ce puisse estre; mesme ne leur accorderont des gages, comme il a esté contradictoirement jugé par Sentence dudit Prevost de Paris, ou son Lieutenant Civil, du dix-huictiéme Ianvier 1642. à peine de trente livres d'amende applicable en faveur de la Confrairie dudit Art, & de privation du pouvoir de faire des Apprentis pendant dix ans.

IV.

SI l'Apprenty pendant le temps de son apprentissage se trouve atteint, convaincu & condamné de quelque crime, vol ou autre delit considerable, le Brevet de son apprentissage demeurera dés à present cassé & revoqué, sans qu'il soit besoin de Iugement ny Arrest plus exprés; ce faisant, iceluy sera declaré decheu de la Maistrise dudit Art, avec défenses aux Gardes Iurez de l'y faire recevoir, à peine de demission contre eux.

V.

NUL ne pourra avoir des outils dépendans dudit Art, s'en

servir, ny faire ouverture de boutique, qu'il n'ayt fait Chef-
d'œuvre, bon & suffisant, sçavoir d'un chapeau frisé d'une livre de mere-laine cardée, teint & garny de velours; & encore
d'un autre d'Aignelain François d'une livre cardé & arsonné,
teint & garny de velours; & un autre feutre leger d'Aignelain
François, teint & couvert de velours ou taffetas, qu'il sera re-
nu de bastir, fouler, tondre, & appareiller de tous points, bien
& deuëment: mesme que lesdits Gardes Iurez n'en ayent avis,
& fait leur rapport en Iustice suivant les deuxiémes Articles
desdites Ordonnances des mois de May 1578. & Mars 1612.

V I.

D A U T A N T que les Gardes Iurez, anciens Bacheliers, &
Maistres dudit Art, ont les premiers financé en l'Espargne de
sa Majesté la somme de quatre mille livres, en execution de la
Declaration du mois d'Aoust 1657. registrée audit Parlement
le septiéme Septembre ensuivant, & de l'Arrest dudit Conseil
d'Estat du vingtiéme dudit mois, pour la secourir en la conjon-
cture des affaires de son Estat, nonobstant le troisiéme Article
desdites Ordonnances du mois de Mars 1612. conformément
à ladite Declaration, Arrest dudit Conseil, quittance du Tre-
sorier de ladite Espargne du vingt-quatriéme Octobre de ladite année 1657. & autre Arrest dudit Conseil d'Estat intervenu
sur leur Requeste ledit jour: nul ne pourra estre receu Maistre
dudit Art, lever ny tenir boutique ouverte en ladite ville,
faux-bourgs, & banlieuë de Paris, en vertu ny sous pretexte
d'aucunes Lettres, soit en consideration d'Avenement à la
Couronne des Roys predecesseurs & successeurs de sadite Majesté, Majoritez, Mariages, Entrées dans les villes du Royaume, Naissances des Dauphins, Titres d'Enfans de France, &
premier Prince du Sang, ou de Couronnemens, Entrées, &
Regences de Reynes, & de toutes autres generalement quel-
conques pour quelques causes, raisons & moyens que ce puisse
estre, lesquelles sont dés à present cassées revoquées & annul-
lées par cesdites presentes en faveur dudit Art.

V I I.

A F I N que ladite Communauté des Gardes Iurez, anciens
Bacheliers, & Maistres Chapeliers demeure dans l'estime que

A iij

l'on a tousjours fait de leur Art, & empécher à l'avenir qu'aucunes personnes incapables d'iceluy ne s'y établissent, conformément à l'Arrest dudit Parlement du troisiéme Iuillet 1611. rendu entre la Communauté des Maistres Menuisiers, & les Colonels & Capitaines Suisses, les Maistres des faux-bourgs qui peuvent entrer en la maistrise de ladite ville trois ans aprés avoir esté receus Maistres dans lesdits faux-bourgs, & tenu boutiques ouvertes pendant ledit temps, seront obligez de faire chef-d'œuvre dans la chambre de ladite Communauté, en presence desdits Gardes Iurez : comme aussi à leur égard l'Arrest contradictoire dudit Conseil d'Estat du trente Ianvier 1615. sur la Declaration du feu Roy Henry IV. de glorieuse memoire du seiziéme Septembre 1606. sera entierement executez.

VIII.

CONFORME'MENT au troisiéme Article desdites Ordonnances du mois de May 1578. & au quatriéme Article de celles du mois de Mars 1612. les Maistres dudit Art receus en ladite ville pouront tenir des boutiques ouvertes, tant en icelle, qu'aux faux-bourgs ou banlieuë, à leur choix & option.

IX

AUx termes des quatre & cinquiéme Articles desdites Ordonnances des mois de May 1578. & Mars 1612. & suivant certaine Sentence dudit Prevost de Paris ou son Lieutenant Civil intervenuë en consequence, tous les fils de Maistres dudit Art y seront admis sans faire chef-d'œuvre, ny experience, & ne payeront aucuns droits ausdits Gardes Iurez ; mais seront tenus de prester le serment ordinaire entre les mains du Procureur de sadite Majesté audit Chastelet en la presence desdits Gardes Iurez.

X

ET pour maintenir l'ordre de la discipline en ladite Communauté, mesme pour en faire conserver les interests par des personnes plus experimentées en la connoissance des affaires d'icelle, en interpretant les six & septiéme Articles desdites Ordonnances des mois de May 1578. & Mars 1612. de deux ans en deux ans, en procedant le quinziéme Septembre à la pluralité des voix pardevant le Procureur de sadite Majesté au Châtelet à l'election desdits Gardes Iurez, il sera doresnavant nommé un ancien Bachelier, qui ayt au précédent exercé ladite Charge une seule fois, pour conjointement avec les Gardes Iurez modernes aprés avoir presté le serment accoustumé, exercer ladite Charge pendant deux ans, & à cét effect prester le serment entre les mains du Procureur de sadite Majesté de bien & deuëment observer les presens Articles, Statuts, Ordonnances & Reglemens, de les faire inviolablement executer par tous les Maistres, d'assister aux chef-d'œuvres jusques à l'entier accomplissement d'iceux, & de faire toutes visites ordinaires & extraordinaires, si besoin est, chez lesdits Maistres, tant de ladite ville, faux-bourgs, & banlieuë, que Prevosté & Vicomté de Paris, pour des contraventions qu'ils découvriront en faire leurs rapports dans les vingt-quatre heures pardevant le Procureur de sadite Majesté, & en poursuivre la justice jusques à Iugement diffinitif. Mesme lesdits Modernes ne pourront estre nommez ausdites Charges, qu'ils n'ayent dix années complettes de reception : Et seront lesdits Gardes Iurez tenus de faire assembler les anciens Bacheliers seulement dans les affaires importantes, pour deliberer sur icelles, nonobstant l'acte du 22. Novembre 1657. à l'égard de l'empéchement sur la nomination d'un ancien Bachelier, qui sera declaré nul pour ce faict ; afin que ladite Communauté soit doresnavant servie avec honneur en tout ce qui concerne ses fonctions, privileges, & franchises, ainsi qu'il est porté par l'avis du Lieutenant Civil, & Procureur de sadite Majesté audit Chasteler.

XI.

COMME aussi le mesme jour immédiatement aprés l'élection desdits Gardes Iurez, il sera procedé à la pluralité des voix, tous les ans pardevant le Procureur de sadite Majesté au Chastelet, à la nomination d'un Maistre de Confrairie, qui en exercera la Charge pendant deux ans, & prestera serment entre les mains du Procureur de sadite Majesté. Pour l'entretenement de laquelle Confrairie, il sera enjoint à tous les Maistres de ladite Communauté, aux Compagnons & Apprentis d'icelle, de payer annuellement le droit accoustumé en la boëte destinée à cét effect, à peine de trois livres adjugées au profit de ladite Confrairie : Et tous comptes seront rendus pardes vant le Procureûr de ſadite Majeſté audit Chaſtelet, ſans frais.

X I I.

Suivant les huict Articles deſdites Ordonnances des mois de May 1578. & Mars 1612. les veuves deſdits Maiſtres ne joüyront des privileges dudit Art que pendant leur viduité ſeulement, ou ſi elles ne ſe remarient à l'un des Maiſtres de ladite Communauté.

X I I I.

Défenses ſeront faites auſdits Maiſtres de ſe ſervir du Compagnon de l'un d'entre eux que par ſon conſentement, & pareillement audit Compagnon de quitter le ſervice de ſon Maiſtre qu'il ne l'en ayt averty un mois auparavant, afin qu'il s'en puiſſe pourvoir d'un autre; & ledit Compagnon ne pourra ſe meſler du negoce des chapeaux que pour ſon Maiſtre ſeulement, à peine de quinze livres d'amende contre tous contrevenans, le quart reſervé à ſadite Majeſté, & le ſurplus auſdits Gardes Iurez.

X I V

La condition des pauvres Maiſtres eſt ſi ſenſible, qu'il leur ſera permis, lors qu'ils ne pourront faire le trafic des marchandiſes neufves, d'achepter & revendre tous vieux chapeaux, à condition de renoncer au préalable en Iuſtice, & en la preſence deſdits Gardes Iurez, à travailler en neuf, ny tenir boutiques ouvertes, mais ſeulement travailler en vieil en chambre ou autres lieux, pour debiter aux places deſignées par Iuſtice, à peine de confiſcation, & d'amende, ſans qu'il leur ſoit aucunement loiſible d'avoir outils ſervans au neuf : Et lors qu'ils voudront quitter le vieil, ils le pourront faire pour reprendre le nouveau, en le denonçant auſſi a Iuſtice en la preſence deſdits Gardes Iurez, ſuivant le dixiéme Article deſdites Ordonnances du mois de Mars 1612. Auſquels pauvres Maiſtres ſera pareillement défendu l'option du neuf au vieil qu'aprés ſix années de reception en la maiſtriſe, pourveu que pendant icelles ils ayent tenu boutique ouverte, & vendu le neuf.

X V.

Conformément aux onziémes Articles deſdites Ordonnances des mois de May 1578. & Mars 1612. pour arreſter

resler le cours de tous abus, & remedier au malheur des ma-
ladies contagieuses, lesdits pauvres Maistres qui auront fait
l'option du vieil, aprés avoir achepté de vieux Chapeaux,
avant que de les vendre auront soin de les nettoyer, dégrais-
ser bien & deuëment, & lessiver en boüyllon de teinture pour
en corriger tout le mauvais air, à peine de grande Amende,
& de punition exemplaire.

X V I.

Ayant égard aux onze & douziéme Articles desdites Ordonnances des mois de May 1578. & Mars 1612. il sera permis
aux Maistres de ladite Communauté, qui vendent du neuf, de
raccommoder les chapeaux des Bourgeois, & autres personnes
qu'ils servent ordinairement, à la charge de mettre par écrit
sur leurs livres journaux les noms de ceux qui les leur auront
donnez à accommoder, avec un écrit audit chapeau, contenant le nom de celuy auquel il appartient, & n'exposeront lesdits chapeaux en lieu de vente lors qu'ils seront raccommodez:
avec défenses tres-expresses de faire teindre aucuns vieux chapeaux, ny de les faire garnir pour les vendre, à peine de trois
livres d'amende. Lesquels Maistres pourront toutefois prendre en échange les vieux chapeaux des Bourgeois & autres,
pour les vendre sans les raccommoder, ausdits pauvres Mai-
qui auront opté le vieil, & non à d'autres, sous pareille peine.

X V I I.

Lesdits Gardes Iurez feront visites chez lesdits pauvres
Maistres qui auront fait option du vieil, pour empescher leurs
contraventions; ils en feront leurs rapports pardevant le Procureur de sa Majesté audit Chastelet, & en poursuivront incessamment la punition, ainsi qu'il est porté par le treiziéme Article desdites Ordonnances des mois de May 1578. & Mars
1612. sans que lesdits pauvres Maistres puissent tenir boutique
ny étalages, soit avec cages ou autrement.

X V I I I.

Un Maistre dudit Art, ne pourra donner son Apprenty à un
autre Maistre, qu'en cas de necessité, ou autre accident inopi-
né, par l'ordre desdits Gardes Iurez, qu'il sera tenu de voir à
cét effect, & qui pourvoyront d'un autre Maistre audit Ap-

prenty, auquel iceluy tiendra lieu d'Apprenty, jusques à ce qu'il ait parfait le temps de son apprentissage, suivant le douziéme Article desdites Ordonnances du mois de May 1578. confirmé par le quatorziéme Article de celles du mois de Mars 1612. Et aucuns desdits Maistres ne pourront mettre en besogne, ny avoir pour Compagnon aucun enfant des Marchands de dehors, mais seulement comme Apprenty, & non autrement, à peine de cent livres d'Amende.

X I X.

CONFORMÉMENT au treiziéme Article desdites Ordonnances du feu Roy Henry I I I. du mois de May 1578. & au quinziéme Article de celles du défunct Roy du mois de Mars 1612. si vn Maistre ayant Apprenty vient à deceder, il achevera sous sa veuve le temps de son apprentissage seulement, & aprés lequel temps elle n'en pourra prendre d'autre ; mais il luy sera loisible de transporter le droit d'apprentissage à un autre Maistre dudit Art, qui luy tiendra lieu d'Apprenty, aprés en avoir donné avis ausdits Gardes Iurez.

X X.

AFIN que les Peuples soyent fidelement servis dans le besoin qu'ils ont des ouvrages dudit Art, tant pour se garantir des injures du temps, que pour entretenir la santé de leurs corps, par le secours favorable d'un bon chapeau, lesdits Maistres mettront en œuvres des laines parfaites d'Aignelins tondus en saison, sans pouvoir employer aucunes étoffes défectueuses, laines pourries, ou autres mauvaises denrées, ainsi qu'il est précisément declaré par le quatorziéme Article desdites Ordonnances du mois de May 1578. & le seiziéme Article de celles du mois de Mars 1612. à peine de soixante livres d'Amende, & de confiscation en faveur desdits Gardes Iurez.

X X I.

NUL Maistre ne pourra teindre, ny faire teindre son ouvrage en bourre, en feuille, ny en autre mauvaise teinture, & luy sera permis de le teindre ou faire teindre par les Maistres de ladite ville & faux-bourgs seulement, & non par autres, en teinture loyale, marchande, & propre pour les feustres & chapeaux, à peine de pareille amende, & confiscation que dessus, tant comme il est porté par les quinze & dix-septiéme Articles desdites Ordonnances des mois de May 1578. & Mars 1612. que suivant l'Arrest dudit Parlement du huictiéme Iuillet 1634.

XXII.

Pour prévenir le desordre que la facilité d'aucuns Maistres dudit Art, a insensiblement introduit au désavantage de ladite Communauté, il leur sera défendu de teindre, faire teindre, ny apprester aucuns chapeaux, tant en noir que gris, ou autres couleurs, pour autres que pour les Maistres Chapeliers de ladite ville & faux-bourgs de Paris, mesme de prester leurs noms & marques aux Chapeliers & Marchands forins, ny aux Marchands de ladite ville & faux-bourgs, & à tous autres, à peine de cent livres d'amende, & confiscation en faveur desdits Gardes Iurez pour la premiere fois ; & en cas de contravention leurs boutiques demeureront fermées pour six mois, en vertu des presentes, sans qu'il soit besoin de Iugement, Arrest ny condamnation plus expresse.

XXIII.

Suivant le seiziéme Article desdites Ordonnance du mois de May 1578. confirmé par le dix-huictiéme Article de celles du mois de Mars 1612. les Maistres dudit Art pourront couper ou faire couper, carder ou faire carder bien & deuëment les laines, castors & autres étoffes qu'ils mettent en œuvres par qui bon leur semblera, sans qu'autres que lesdits Maîtres s'en puissent mesler ny prendre connoissance ; avec défenses à toutes personnes d'en couper, faire couper, carder, ou faire carder ailleurs que chez les Maistres dudit Art, à peine de punition exemplaire : A l'effect dequoy lesdits Gardes Iurez feront incessamment toutes visites necessaires.

XXIV.

Ayant aucunement égard, & en interpretant le dix-huitiéme Article desdites Ordonnances du feu Roy Henry III. du mois de May 1578. ensemble le dix-neufiéme Article de celles du défunt Roy, du mois de Mars 1612. il sera enjoint à tous Marchands forains, & autres qui ameneront ou feront venir en icelle des chapeaux pour les vendre, de les faire apporter directement, & lors de leur arrivée, en la Chambre de ladite

Communauté , pour, suivant l'Arrest intervenu audit Parlement de Paris, le vingt-huict Iuin 1555. & Sentence depuis
donnée audit Chastelet le dixiéme Octobre 1590. y estre veus
& visitez, & en oster les mauvais d'avec les bons, par lesdits
Gardes Iurez, ausquels sera payé de chacune douzaine six de-
niers tournois, pour le droit de visite : Et en cas qu'aucuns des
Maistres dudit Art en eussent fait achapt sans avoir esté visitez,
ou que lesdits Marchands ne les eussent fait porter en ladite
Chambre, tous contrevenans seront dés à present condamnez
en quinze livres d'Amende, en faveur desdits Gardes Iurez.

<h3 style="text-align:center">X X V.</h3>

CONFORMEMENT aux dix-huict & vingtiéme Articles
desdites Ordonnances des mois de May 1578. & Mars 1612.
défenses & inhibitions tres-expresses sont faites ausdits Marchands forrins, & autres de vendre en ladite ville & faux-
bourgs les chapeaux que lesdits Gardes Iurez auront trouvé
mauvais, qu'ils auront mis à part, & qu'ils auront marquez,
à peine contre le vendeur & l'achepteur de vingt livres d'a-
mende en faveur desdits Gardes Iurez.

<h3 style="text-align:center">X X V I.</h3>

POUR en quelque façon satisfaire aux dix-huict & vingt-
uniéme Articles desdites Ordonnances des mois de May 1578.
& Mars 1612. & en interpretant iceux pour le bien des sujets
de sadite Mjesté , lesdits Gardes Iurez seront tenus, six heures
aprés l'arrivée desdits chapeaux en ladite Chambre, d'en faire
la visite , & d'en donner avis par le Clerc de ladite Communauté à tous les Maistres d'icelle pour les achepter , les lottir,
& en prendre au prix qui en sera fait par l'un desdits Maistres.

<h3 style="text-align:center">X X V I I.</h3>

AUX termes exprés des dix-huict & vingt-deuxiéme Articles desdites Ordonnances des mois de May 1578. & Mars
1612. lesdits Marchands ne pouront faire transporter de ladite
Chambre commune lesdits chapeaux, quoy qu'ils eussent esté
visitez par lesdits Gardes Iurez, que vingt-quatre heures aprés
l'avis donné ausdits Maistres , à peine de quinze livres d'A-
mende, moitié au profit de sadite Majesté, & le surplus en faveur desdits Gardes Iurez, aprés lequel temps de vingt-quatre

heures, lefdits Marchands pourront difpofer defdits chapeaux, les faire porter où bon leur femblera, & en faire le debit.

XXVIII.

Il sera permis à tous les Maiftres dudit Art de ladite ville & faux-bourgs de Paris, d'aller ou faire achepter toutes fortes de marchandifes & étoffes dépendantes d'iceluy, & propres à faire des chapeaux, dans toute l'eftenduë du Royaume, mefme aux pays eftrangers, & en tous lieux que bon leur femblera; & les faifant venir à leurs rifques, elles ne feront point lotties à ladite Communauté, mais feulement feront vifitées par lefdits Gardes Iurez, fuivant les vingt & vingt-troifiéme Articles defdites Ordonnances des mois de May 1578. & Mars 1612. & à la Sentence du Prevoft de Paris, du feize Ianvier 1655. confirmée par Arreft dudit Parlement du dix-huitiéme May 1657.

XXIX.

A l'imitation du feu Roy Henry III. par le vingt-deuxiéme Article de fes Ordonnances dudit mois de May 1578. fuivie de l'intention du défunt Roy Louys XIII. par le vingt-quatriéme Article de fes Ordonnances dudit mois de Mars 1612. nul des Maiftres de ladite Communauté ne devra rien d'aucunes chofes qu'il vend dépendantes dudit Art.

XXX.

Les vingt & vingt-cinquiéme Articles defdites Ordonnances des mois de May 1578. & Mars 1612. ont efté fi judicieufement preferits, que conformément à iceux il fera tres-expreffément défendu aux Maiftres dudit Art, de colporter ny faire colporter les ouvrages dépendans d'iceluy par ladite ville, faux-bourgs & banlieuë de Paris, pour les vendre dans les ruës, hoftelleries, chambre, garniers, ou autres lieux, à peine de confifcation, & de foixante livres d'amende, moitié refervée à fadite Majefté, & le furplus aufdits Gardes Iurez.

XXXI.

Si quelques ouvrages de fauffes étoffes font trouvez dans les maifons de quelques-uns defdits Maiftres, ils feront confifquez, & les delinquans condamnez en cent livres d'amende applicable comme deffus, ainfi qu'il eft porté par le vingt-troifiéme Article defdites Ordonnances du mois de May 1578.

XXXII.

Nul Maiſtre ne pourra donner aucunes étoffes pour faire des chapeaux, ny meſme pour les garnir, à autres qu'aux Maiſtres receus en ladite ville, ou aux veuves d'iceux, à peine de dix livres d'amende.

XXXIII.

En interprétant les vingt-quatre & vingt-ſeptiéme Articles deſdites Ordonnances des mois de May 1578. & Mars 1612. leſdits Maiſtres ne pourront faire aucuns chapeaux, dits Caſtors, qu'ils ne ſoyent de pur caſtor, ſans y pouvoir mêler autres étoffes : Et en cas qu'il s'y rencontre aucun meſlange, ils ſeront brûlez, & l'Ouvrier condamné en Cent livres d'Amende applicable comme deſſus.

XXXIV.

Suivant les vingt-ſix & vingt-huictiéme Articles deſdites Ordonnances des mois de May 1578. & Mars 1612. nul deſdits Maiſtres ne pourra travailler, ny expoſer en montre ou étalage des chapeaux aux jours de Dimanches, & autres Feſtes commandées par l'Egliſe, à peine de trois livres d'Amende adjugées à la Confrairie de ladite Communauté.

XXXV.

Comme le feu Roy Henry III. par le vingt-ſeptiéme Article de ſes Ordonnances du mois de May de 1578. & le défunt Roy Louys XIII. de glorieuſe memoire, par le vingt neufiéme Article de celles qu'il a données en faveur de ladite Communauté au mois de Mars de ladite année 1612. ont deſiré gratifier ceux qui épouſent des veuves, ou des filles deſdits Maiſtres; Auſſi en cas qu'un compagnon apres avoir fait ſon apprentiſſage de cinq ans, & les quatre années de ſervice ſe marie avec la veuve, ou la fille de l'un deſdits Maiſtres, il ſera ſeulement pour experience l'un des trois chapeaux qui luy ſera ordonné par leſdits Gardes Iurez en charge, en preſence du Procureur de ſa Majeſté audit Chaſtelet.

XXXVI.

Aux termes des vingt-huit & trentiéme Articles deſdites Ordonnances des mois de May 1578. & Mars 1612. tous les Maiſtres dudit Art, pourront picquer ou faire picquer les cha-

peaux de soye ou de laine, à court & long poil, selon l'usage &
commodité du temps, & autres étoffes, bonnes, loyales & mar-
chandes.

XXXVII.

Mesme en consideration des vingt-neuf & trente-uniéme
Articles desdites Ordonnances des mois de May 1578. &
Mars 1612. les fils des fils ou des filles de Maistres, qui ne seront point dudit Art, aprés avoir fait leur apprentissage de
cinq ans, demeureront dispensez des quatre années de service
chez lesdits Maistres, & ne feront pour tout Chef-d'œuvre
que le chapeau frisé, & le feustre d'Aignelin, couvert de velours ou de raffetas.

XXXVIII.

Et enfin, les quatre Gardes Iurez dudit Art, seront doresnavant exempts de toutes Commissions de Ville & de Iustice,
tant ordinaires qu'extraordinaires, pendant le temps qu'ils seront en Charge, seulement afin qu'ils puissent plus assiduë-
ment vacquer aux affaires de ladite Communauté, en faire
supprimer tous les abus, & resister aux entreprises de ceux
qui en envient le négoce.

Extraict des Registres du Conseil Privé du Roy.

Sur la Requeste presentée au Roy en son Conseil par les
Gardes Iurez, anciens Bacheliers, & Maistres de la Communauté des Chapeliers de la ville, fauxbourgs, banlieuë, Prevosté & Vicomté de Paris : Contenant, que comme les Statuts
dont ils ont esté honorez par le feu Roy Henry III. au mois
de May 1578. confirmez par Henry IV. ayeul de sa Majesté, au
mois de Iuin 1594. & depuis reformez par le défunt Roy Loüis
XIII. de glorieuse memoire son pere, au mois de Mars
1612. ne peuvent plus entretenir le repos de leur Communauté, si sur iceux sadite Majesté ne leur en donne de nouveaux
conformes à l'usage, l'experience & l'industrie que la presence
du temps a heureusement produit entre eux. Pour ces causes,
requeroyent qu'il pleust, sans s'arrester à certain empeschement du 22. Novembre 1657. leur faire la grace de les gratifier

de ceux qu'elle a eu la bonté de faire rediger par écrit en trente-huit Articles, qu'ils promettent d'abondant executer selon
leur forme & teneur. VEU PAR LE ROY en son Conseil, ladite Requeste signée le Page, Chesdeville, Ledreux & Farcy,
Gardes Iurez en Charge, & Harenger Advocat de ladite Communauté: Lesdits Statuts des mois de May 1578. & Mars 1612.
ceux dressez sur les précedens par ledit Harenger : Consentement de ladite Communauté pour l'execution d'iceux, passé
pardevant de Monhenault & Lebret Notaires audit Chastelet le vingt-deuxiéme dudit mois de Novembre 1657. dans lequel est inseré ledit empeschement, à l'égard du dixiéme desdits Articles sur le faict seulement de l'élection d'un ancien
Bachelier à la Iurande de deux en deux ans, & autres pieces at-
chées à ladite Requeste : Oü y le rapport d'icelle par le sieur
le Boulanger Conseiller de sadite Majesté en ses Conseils, &
Maistre des Requestes ordinaire de son Hostel, Commissaire
à ce député : Et tout consideré. LE ROY EN SON CONSEIL
a renvoyé & renvoye ladite Requeste, & lesdits Statuts au
Prevost de Paris, ou son Lieutenant Civil, & Procureur de sa
Majesté au Chastelet, pour donner avis à sadite Majesté sur ladite Requeste & Statuts, & , iceluy veu & rapporté audit Conseil, estre pourveu aux Supplians ainsi que de raison, FAIT au
Conseil Privé du Roy, tenu à Paris le onziéme Ianvier 1658.
Signé, DEMONS.

VEU par nous Dreux Daubray Conseiller du Roy en ses
Conseils, Lieutenant Civil en la Prevosté & Vicomté
de Paris, & Armand Iean de Riantz aussi Conseiller du Roy
en ses Conseils, & Procureur du Roy au Chastelet dudit lieu ;
l'Arrest du Conseil du onziéme Ianvier 1658. par lequel sa
Majesté nous auroit renvoyé la Requeste & Statuts à elle presentez par les Gardes Iurez, anciens Bacheliers, & Maistres
de la Communauté des Chapeliers de la ville, faux-bourgs,
banlieuë, Prevosté & Vicomté de Paris, pour luy donner
nostre avis sur le contenu en iceux : Lesdits nouveaux Statuts
presentez à sa Majesté par lesdits Chapeliers, contenant trente-huit Articles ; les anciens Statuts desdits Chapeliers du septiéme

riéme May 1578. Autres Statuts defdits Chapeliers du mois
de Mars 1612. les Arrefts de la Cour, nos Sentences & autres
pieces mentionnées dans lefdits nouveaux Statuts.

Nostre avis est, fous le bon plaifir du Roy, que fa Majefté
peut accorder aufdits Maiftres Chapeliers lefdits nouveaux
Statuts, contenans trente-huit Articles, par eux prefentez à fa
Majefté, comme eftans iceux tres-utiles à ladite Communauté, & n'y ayant rien de contraire à l'intereft public. Fait ce
26. Ianvier 1658. Signé, Daubray, & de Riantz.

LOUIS par la Grace de Dieu Roy de France & de Na-
varre, A tous prefens & à venir, Salut. Nos chers &
bien amez les Gardes Iurez, anciens Bacheliers, & Maiftres
de la Communauté des Chapeliers de noftre bonne ville faux-
bourgs, banlieuë, Prevofté & Vicomté de Paris, nous ont
tres-humblement fait remontrer qu'ils ont découvert l'ex-
cellence de leur Art, jufques au point que toutes les Nations
recherchent la focieté de leur commerce, d'autant plus utile
à noftredite ville, mefme en toute l'eftenduë de noftre Royaume, que la plus grande partie de nos peuples y trouvent les
principaux moyens de faire heureufement fubfifter leurs fa-
milles. Mais que la conjonctures des temps a fait naiftre des
modes toutes nouvelles dans le fujet de leurs Manufactures,
pas moins avantageufes qu'elles font necefaires, que l'ufage
commun a fait perdre l'exercice des anciennes façons, & que
la delicatefse de leurs inventions détruit toutes les manieres
que leurs predecefseurs leur ont enfeignées. Si bien que les
Statuts, dont le feu Roy Henry III. les a autrefois gratifiez,
fuivant les Lettres patentes du mois de May 1578. regiftées en
noftre Parlement de Paris le dernier Ianvier 1587. confirmez
par autres Lettres patentes de noftre ayeul Henry IV. du mois
de Iuin 1594. quoy que reformez par ceux que le défunt Roy
de glorieufe memoire, noftre tres-honoré Seigneur & Pere,
leur a concedez par fes Lettres Patentes du mois de Mars
1612. pareillement regiftrées en noftredit Parlement le 18.
May 1613. ne peuvent à prefent procurer le repos de leur trafic

ny entretenir la fidelité que nous en avons souhaitée ; & qu'il
seroit necessaire que nous leur voulussions accorder ceux qu'ils
ont fait dresser , conformément à ce qui se pratique pour le
bien de nos sujets, nous le requerans tres-humblement. A
ces causes aprés avoir renvoyé par Arrest de nostre Conseil
du onziéme Ianvier à nostre Prevost de Paris , ou son Lieutenant Civil , & à nostre Procureur au Chastelet dudit lieu ,
lesdits Articles , Statuts , Ordonnances & Reglemens dressez
sur ceux des mois de May 1578. & Mars 1612. en faveur des
exposans , pour nous donner leur avis sur iceux ; mesme qu'il
nous est apparu d'un consentement general pour l'execution
entiere que nous en desirons , passé pardevant Notaires de
nostredit Chastelet le 22. Novembre 1657. & afin de les obli-
ger de garder leur fidelité , d'employer leur experience , & de
s'étudier en des perfections nouvelles pour les Manufactures
de leurs ouvrages : De l'avis de nostre Conseil , qui a veu l'Ordonnance d'iceluy du 21. Avril 1578. portant renvoy desdits
anciens Statuts audit Prevost de Paris , ou son Lieutenant Civil , pour nostre Procureur audit Chastelet appellé, donner
avis sur iceux : leur avis du 7. May ensuivant, que lesdits Statuts pourront estre homologuez ; Lettres patentes delivrées
en consequence par le feu Roy Henry III. le mesme mois; Autres Lettres du 17. Octobre 1584. par lesquelles il est enjoint
qu'il sera procedé à l'enregistrement desdits Statuts, nonobstant la surannation des precedentes Lettres ; L'Arrest d'enregistrement en nostredit Parlement du dernier Ianvier 1587.
Lettres de Confirmation du feu Roy Henry I V. du mois de
Iuin 1594. L'Arrest de nostre Conseil d'Estat, avec commis-
sion sur iceluy du 30. Iuillet 1611. par lequel les Statuts nouvellement dressez alors furent renvoyez à nostredit Prevost
de Paris ou son Lieutenant Civil, pour s'ils estoyent trouvez
raisonnables , les accorder à ladite Communauté ; Lettres de
concession d'iceux, par le feu Roy de glorieuse memoire nostre tres-honoré Seigneur & Pere, du mois de Mars 1612.
regstrées en nostredit Parlement le 18. May 1613. Sentence
d'enregistrement en nostredit Chastelet , du consentement de
nostre Procureur en iceluy, du 10. Iuin ensuivant ; Quittance

de la somme de quatre mil livres que lesdits exposans ont payé
en nos Parties Casuelles le troisiéme Février 1644. pour le
droit de confirmation qu'ils nous devoient, à cause de nostre
Avenement à la Couronne; Autre quittance de pareille somme de quatre mil livres qu'ils ont payée en nostre Espargne le
24. Octobre 1657. en execution de nostre Declaration du 10.
Aoust precedant, registrée en nostredit Parlement le quatriéme Septembre ensuivant, & de l'Arrest de nostredit Conseil
d'Estat du vingtiéme dudit mois, pour joüyr du benefice de la
dispence & exemption de recevoir doresnavant aucun Maistre
de leur Art, sur les Lettres qui avoyent coustume d'estre accor-
dées en consideration des Avenemens des Roys à la Couronne, Majoritez, Mariages, Entrées dans les villes, Naissances de
Dauphins, Enfans de France, & Premier Prince du Sang;
mesme pour les Couronnemens, Entrées, & Regences des Rei-
nes, & de toutes autres, pour quelque cause & occasion que ce
soit. L'Acte du consentement general de ladite Communauté
du 22. Novembre ensuivant, pour l'execution entiere des Statuts, que nous avons fait rediger en trente-huict Articles, en
faueur desdits exposans: Iceux Statuts avec les Sentences, Iu-
gemens & Arrests justificatifs du contenu dans les Articles
d'iceux: L'Arrest de nostredit Conseil du onziéme dudit mois
de Ianvier dernier, par lequel nous les avons renvoyez à nostredit Prevost de Paris, ou son Lieutenant Civil, & à nostre
Procureur audit Chastelet, pour nous donner leur Avis sur
iceux: Et ledit Avis du 26. ensuivant, le tout cy attaché sous
le contrescel de nostre Chancellerie: De nos grace speciale,
pleine puissance & authorité Royale; NOUS par ces presentes signées de nostre main, Avons dit, statué & ordonné, di-
sons, statuons & ordonnons, voulons & nous plaist, que lesdits
Statuts soient doresnavant executez selon leur forme & teneur. SI DONNONS en mandement à nos amez & feaux Conseillers, les Gens tenans nostre Cour de Parlement de Paris,
Prevost dudit lieu, ou son Lieutenant, & autres qu'il appartiendra, que cesdites presentes ils fassent lire, publier & regi-
strer, icelles observer & garder de point en point, selon leur
forme & teneur, & lesdits exposans joüyr & user pleinement

& paisiblement desdits Statuts à tousjours & perpetuellement, contraignans de ce faire, souffrir & obeïr tous ceux qu'il appartiendra , nonobstant tous Edits, Ordonnances, Arrests, Reglemens, restrictions, mandemens, défenses, & Lettres à ce contraires , ausquelles & aux dérogatoires des dérogatoires nous avons dérogé, & dérogeons par cesdites presentes : aux copies desquelles collationnées par l'un de nos Conseillers Secretaires, Maison & Couronne de France, & de nos Finances, Nous voulons que foy soit adjoustée comme à l'Original. Et afin que ce soit chose ferme & stable à tousjours, Nous avons fait mettre nostre seel à cesdites presentes, sauf en autres choses nostre droit, & l'autruy. Donné à Paris au mois de Mars l'an de grace 1658. & de nostre regne le quinze. Signé , LOUIS: Et sur le reply, Par le Roy, P H E L Y P E A U X. Et à costé, *Visa.* Et scellé sur lacs de soye du grand Sceau de cire verte.

Et sur ledit reply est encore écrit : Registrées , oüy le Procureur General du Roy , pour estre executées , & joüyr par les impetrans de l'effet & contenu en icelles , suivant l'Arrest du sixiéme Iuin 1658. A Paris en Parlement le troisiéme jour de Iuillet audit an 1658. Signé , D U T I L L E T.

Extraict des Registres de Parlement.

ENTRE les Gardes Iurez , anciens Bacheliers , & Maistres de la Communauté des Chapeliers de cette ville, fauxbourgs, banlieuë, Prevosté & Vicomté de Paris , demandeurs en enregistrement des Statuts, Ordonnances & Reglemens en forme de confirmation à eux accordez par sa Majesté, par ses Lettres Patentes du mois de Mars 1658. suivant la Requeste par eux presentée à la Cour le 29. dudit mois de Mars audit an 1658. & défendeurs d'une part : Et les Chapeliers des fauxbourgs Saint Germain des Prez , & Saint Marcel lez Paris , défendeurs & opposans à l'enregistrement & verification desdits Statuts, suivant les Actes tant inserez sur le Registre du Procureur General du Roy, que signification à Maistre Estien-

ne Maugras Procureur defdits Chapeliers , & que faifant droit
fur ladite oppofition , l'Article V I I. defdits Statuts, Ordonnances & Reglemens, par lequel il eft dit que pour empêcher
à l'avenir qu'aucune perfonne incapable dudit meftier s'établif-
fe en cette ville , que conformément à l'Arreft de ladite Cour
du troifiéme Iuillet 1621. rendu entre la Communauté des
Maiftres Menuifiers, & les Colonels & Capitaines Suiffes, les
Maiftres des faux-bourgs qui peuvent entrer en la maiftrife de
ladite ville trois ans aprés avoir efté receus Maiftres efdits
faux-bourgs , & tenu boutique ouverte pendant ledit temps ,
feront tenus de faire chef-d'œuvre en la chambre de ladite
Communauté, en prefence defdits Gardes Iurez , comme auf-
fi à leur égard, que l'Arreft du Confeil d'Eftat du 30. Ianuier
1615. fur la Declaration du feu Roy d'heureufe memoire du
16. Septembre 1606, feront executez felon leur forme & teneur , & en confequence fans avoir égard à iceluy , ils joüy-
roient de leur privilege , & entreroient à leur tour Maiftres en
cette ville de Paris , fuivant les Edicts , Declarations , Arreft
de la Cour du 20. Iuillet 1647. fans eftre tenus de faire aucun
chef-d'œuure ny experience , d'autre : fans que les qualitez
puiffent préjudicier aux parties. Aprés que Ragueneau Advocat pour les demandeurs en verification des Statuts, & Ravier
Advocat pour les défendeurs & oppofans , ont dit avoir com-
muniqué de la caufe au Parquet des Gens du Roy , & par leur
avis eftre demeurez d'accord , fous le bon plaifir de la Cour ,
de l'appointement par l'un d'eux recité. Talon pour le Procureur General du Roy oüy : L A C O U R , fans avoir égard à
l'oppofition defdits Chapeliers des faux-bourgs S. Germain ,
& S. Marcel , a ordonné & ordonne qu'il fera paffé outre à
l'enregiftrement & verification defdits Articles defdits Statuts,
Ordonnances & Reglemens, pour eftre gardez & obfervez ,
& neantmoins que l'Article V I I. fera reformé, ce faifant, que
les Maiftres receus efdits faux-bourgs , qui voudront afpirer à
la Maiftrife de la ville feront tenus dans un mois pour toutes
prefixions & delais, de fe prefenter pour faire enfemblement &
en une feule fois legere experience, & fans frais, en la prefence
du Subftitut du Procureur General du Roy au Chaftelet , l'un

des Iurez, ensemble l'un des anciens Bacheliers de la ville : autrement & à faute de ce décheus d'y pouvoir parvenir en vertu du present Arrest. A ordonné & ordonne qu'à l'avenir aucun Maistre desdits faux-bourgs ne pourra prendre qu'un Apprenty, qui s'obligera pour quatre ans au moins, & lequel Apprenty sera tenu de servir les Maistres desdits faux-bourgs trois années au moins après son temps d'apprentissage expiré, avant qu'il puisse estre reçeu Maistre esdits faux-bourgs, & ce qu'ils seront tenu representer & certifier ausdits Iurez lors de leurs receptions esdits faux-bourgs ; & qu'ausdites receptions & chef d'œuvres, l'un des Iurez & Gardes de ladite ville, & un ancien Bachelier seront appellez pour y assister sans frais. Quoy faisant & satisfaisant au present Arrest, seront deux des plus anciens Maistres desdits faux-bourgs admis par chacun an a la maistrise de ladite ville, conformément à l'Arrest du 20. Iuillet 1647. & à faute de ce faire en demeureront pareillement décheus. Et sera le present Arrest leu & publié en la Chambre dudit Substitut du Procureur General au Chastelet, & affiché par tout où besoin sera. Fait en Parlement le sixiéme Iuin 1658.   Signé,   GUYET.

Extraict des Registres de Parlement.

VEU par la Cour les Lettres Patentes du Roy données à Paris au mois de Mars 1658. signées LOUIS ; & sur le reply, par le Roy PHELYPEAUX, & scellées sur lacs de soye du grand sceau de cire verte, obtenuës par les Gardes Iurez, anciens Bacheliers, & Maistres de ladite Communauté des Chapeliers de cette ville, faux-bourgs, banlieuë, Prevosté & Vicomté de Paris : Par lesquelles ledit Seigneur auroit dit, Statué & Ordonné, veut & luy plaist, que les Statuts & Articles nouvellement dressez par lesdits Maistres Chapeliers sur le faict de leurdit Mestier, soyent doresnavant executez selon leur forme & teneur, ainsi qu'il est porté par lesdites Lettres à la Cour addressantes. VEU aussi lesdits Statuts, tant anciens que nouveaux : Diverses Lettres de confirmation d'iceux, des

mois de May 1560. & dix-huict Iuin 1594. Mars 1612. regiftrées en la Cour les dernier Ianvier 1587.& dix-huitiéme May
1613. Plusieurs Arrests du Conseil & de la Cour, & Sentence
du Prevost de Paris, intervenus en faveur desdits impetrans
sur le faict de leurdit Mestier: Avis du Lieutenant Civil, & du
Subftitut du Procureur general du Roy audit Chaftelet, en
consequence de l'Arrest du Conseil, du onziesme de Ianvier
1658. ledit Avis du vingt-sixiesme Ianvier ensuivant, donné
sur les trente-huict Articles nouvellement redigez par lesdits Maistres Chapeliers, & autres pieces attachées soubs le
Contre-sceel desdites Lettres: Arrest de ladite Cour, du
sixiesme jour de Iuin dernier, intervenu sur l'Opposition for-
mée à la vérification desdites Lettres & enregistrement desdits
Statuts par les Chapeliers des faux-bourgs Saint Germain des
Prez, & Saint Marcel lez Paris, Portant que sans avoir égard
à ladite opposition il seroit passé outre à l'enregistrement desdits Statuts, Ordonnances & Reglemens pour estre gardez &
observez; Et neantmoins que l'Article VII. seroit reformé,
ce faisant que les Maistres receus esdits faux-bourgs qui vou-
droient aspirer à la maistrise de ladite ville seroient tenus dans
un mois, pour toutes prefixions & delais, de se presenter pour
faire ensemblement & en une seule fois legere experience &
sans frais, en la presence dudit Subftitut au Chaftelet, l'un des
Iurez, ensemble l'un des anciens Bacheliers de la ville, autrement, & à faute du ce décheus d'y pouvoir parvenir en vertu
dudit Arrest. Ordonné qu'à l'avenir aucun Maistre desdits
faux-bougs ne pourroit prendre qu'un Apprenty qui s'oblige-
roit quatre ans au moins, & lequel Apprenty seroit tenu de servir les Maistres desdits faux-bourgs trois ans au moins après
son temps d'apprentissage expiré, avant qu'il puisse estre receu
Maistre esdits faux-bourgs, & ce qu'ils seroient tenus representer & certifier ausdits Iurez lors de leurs receptions esdits
faux-bourgs; & qu'ausdites receptions & chef-d'œuvres l'un
des Iurez & Gardes de ladite ville, & un ancien Bachelier seroient appellez pour y assister sans frais, quoy faisant, & satisfaisant audit Arrest, seroient deux des plus anciens Maistres
desdits faux bourgs admis par chacun an à la Maistrise de la-

dite ville, conformément à l'Arrest du 20. Iuillet 1647. & à
faute de ce faire, en demeureront pareillement décheus; &
feroit ledit Arrest leu & publié en la Chambre dudit Subftitut
audit Chaftelet, & affiché par tant où befoin feroit. La Requefte prefentée par lefdits Gardes Iurez, anciens Bacheliers,
& Maiftres de la Communauté des Chapeliers de ladite ville,
afin d'enregiftrement defdites Lettres & Statuts : Conclufions
dudit Procureur General du Roy, Ouy le rapport de Maiftre
Charles Perrot Confeiller en ladite Cour : Tout confideré.
LADITE COUR a ordonné & ordonne, que lefdites Lettres
& Statuts feront regiftrez au Greffe d'icelle, pour eftre executez, & jouir par les impetrans de l'effet & contenu en iceux,
fuivant & conformément à l'Arrest d'icelle du fixiéme Iuin
dernier. Fait en Parlement le troifiéme Iuillet 1658.

Signé, DU TILLET.

L'An mil fix cens   le   jour
d   à la requefte des Gardes jurez de la
Communauté des Maiftres Chapeliers de cette Ville de Paris, j'ay
Huiffier fouffigné, baillé & laiffé copie des Statuts, Ordonnan-
ces, & Arrefts cy-devant transcrits, à
Maiftre Chapelier, à ce qu'il n'en ignore, & n'ait à y contrevenir
fur les peines y portées. Fait prefens témoins.